주님, 이토록 사랑하십니까

주님, 이토록 사랑하십니까

김성옥 지음

프롤로그

싱겁고
퍼진 라면이 좋았습니다

남도 그런 줄 알고
퍼진 라면을 대접했습니다

싱거운
커피가 좋았습니다

남도 그런 줄 알고
보리차처럼 드렸습니다

스스로 하겠답니다
하지 마랍니다

아~
싱거운 사람이 되어 가는 것 같습니다

어릴 적

예배당에서 기도하시던
권사님들의 기도 소리에는
새겨짐이 있었습니다

강대상에서 무릎으로 사시는
시아버님의 설교에는
새겨짐이 있습니다

마음에 새겨 주신
글밥을 모아
한 권의 책으로 엮었습니다

23년간
기도원 목사님의 며느리로 지내며
어깨 너머로 얻어먹은
콩고물의 은혜가

"주님, 이토록 사랑하십니까"
고백하게 되었습니다

기도원에서

물 좀 먹었다는 며느리가
예언의 은사
병 고치는 은사
있다면

폼이 좀 날 텐데
저는 잘 모릅니다

주님께서
머리 나쁘다고
등짝을 몇 대 후려 패서도
모르는 건 모릅니다

저에게 주신 9가지 은사는
대략 이 정도입니다

주님밖에 모르는 은사
교회 생각 은사
웃고 다니는 은사
즐거운 은사
사람이 귀여워 보이는 은사

저렴한 입맛 은사
퉁치며 잘 넘기는 은사
단순한 은사
주제 파악을 잘 하는 은사

겸손은
기도원에서 5시간 기도한다고
배우는 게 아닙니다

겸손은
개똥밭에서 굴리면서 배웁니다

주님께서 군화 신은 발로
잘근 잘근 밟으실 때
겸손을 배웁니다

머리가 바닥에 내동댕이쳐질 때
부끄러워 고개를 못 들 때
겸손을 배웁니다

그때서야

눈으로 본 것
감게 됩니다
군화 소리 두려워서

하고 싶은 말
꿀꺽 삼키게 됩니다
군화 소리 두려워서

귀로 들은 것
흘려보내게 됩니다
군화 소리 두려워서

주님의 슙~
소리만 들어도
바닥에 발라당 누워 버립니다

주님의 얼굴색을 살피는 게
겸손입니다

모자라니깐
주님께 물어 봅니다

모자라니깐
경청하고 배웁니다

모자람의 은혜가
주님이라는 거인의 어깨에 앉아
세상을 바라보게 되었습니다

주님의 긍휼하심이
온 하늘을 덮습니다

개똥밭에 구른 이야기
홍채 같은 이야기

10살 아이가 이해하는 글
고깃집 된장찌개 같은 글

싱거운 사람을
싱그러운 사람으로
봐 주셨으면 좋겠습니다

나와 손잡고

남초 회사

니가 깡패가
아이고 무시라이

남초 회사2

상명하복
무조건 되게 하라

남초 회사는 군대다

남초 회사3

속도가
실력이다

남초 회사4

대장이
참 많다

남초 회사5

일 잘 하는 사람은
태도가 좋다

남초 회사6

요즘 세상에
큰 목소리가 통하는 세계다

남초 회사7

깡패가 오면

현장에 있는
더 큰 깡패를
연결시켜 준다

문제 해결 능력이
뛰어나다

남초 회사8

마음 편히 살기 위해
침묵한다

남초 회사9

머스마는
내 아들이라 생각하고
살살 굴려야 한다

남초 회사10

고집부리면 감당이 안 된다
틀려도 내버려 둔다

남초 회사11

의리 있고
뒷말 없다

남초 회사12

일만 한다
일만 한다

밥만 먹는다
밥만 먹는다

남초 회사13

나이 상관없이
실력이 우선이다

남초 밸런타인데이

초콜릿을 던지고 나간다
"무라"

남초 회사 다툼

마!
니는 보석이다

남초 회사 화장실

창작 요청이 들어왔다

> 너거 집이가
> 꽁초, 휴지
> 팍! 마! 넣지 마!

여왕벌

남성은 수직
여성은 수평

여성은
서열에 관심이 없다

사회생활

구렁이 담 넘기는 실력
먼저 풀면 쉽다

조직

쓰레기를 만드는 사람
쓰레기를 치우는 사람

조직2

실력을 갖출수록
말에 뼈대가 생긴다

조직3

입이 금고라고 생각하고
말은 적게 하는 게 좋다

조직4

얼굴색 바뀌면
아웃이다

조직5

급여 받으면서
사람 공부한다

인내

자존심은
서랍장에 두고
출근합니다

인내를 배워야
큰 그릇이 됩니다

존중

옷장에서
피죤 냄새 나는 거
아내 덕분입니다

아내를 여동생이라 생각하고
아껴 주세요

자수성가의 특징

거친 성품 때문에
성공도 했지만

사람도 잃는다

중요도

새벽 3시 기상
하루의 중요한 일은
오전 8시면 마무리가 된다

소원

늦잠 자는 것
낮잠 자는 것

예의

윗사람께서
"김실장, 편하게 해"

곧이곧대로 들었다간
낭패 본다

인간관계

성품이 거친 분이
나에게만 친절했다면

떠나실 때는
본성을 마음껏 드러내신다

인간관계2

만나야 할 사람이 있고
거리를 둬야 할 사람이 있다

앉아야 할 방석이 있고
돌아서야 할 자리가 있다

인간관계3

힘을 빼야
쉽다

인간관계4

참새는 참새끼리
토끼는 토끼끼리

인간관계5

자녀가 어떠한지 알고 싶으면
친구를 보면 된다

인간관계6

싸움 잘 하는 사람은
미성숙한 사람

화목한 사람은
성숙한 사람

인간관계7

싸움을 잘 하는 분을 보면
시골 닭장 안에서
힘자랑하는 수탉 같습니다

신규 공무원

공손하면
고급 정보를 공유 받는다

처리해 줄 수 있었지만
모른 척했다

직장 업무

6개월이면
모든 업무를 처리할 수 있습니다

겸손
실력입니다

침묵
실력입니다

친절
실력입니다

싸움닭 고객님

급여에는
생명수당이 포함되어 있다

상담

너가
옳다

상담2

스스로 정신세계를 높여야지
알아도 말 못 해 준다

상담3

이미
답을 알고 있다

자산

결핍 덕분에
자산이 생겼다

나라는 존재

바다의
모래 한 알입니다

쓴소리

사랑으로 해석하면
혈액 순환도 잘 된다

장국

고단했던 퇴근길

옆집 장 권사님께서 주신
국물 한 냄비

뜨거운 국물이 들어가고
따뜻한 눈물이 나온다

어른

어른이 된다는 건
가슴에 묻을 수 있다는 것

어른2

어른이 된다는 건
한 템포 느리게 갈 수 있다는 것

효도

부모님의 자존심을
올려 드리는 것

친정 어머니

> 오가
> 밥 무그라
>
> 오가
> 사랑한다

학창시절
양은 밥상 위에
굵은 모나미 사인펜으로 적은
달력 메모지

가시나 소리 한 번
회초리 한 번
목소리가 담장을 한 번
넘은 적이 없으셨다

친정 어머니는

내가 걷기 시작할 때부터
친구이고
스승이셨다

나는 아직도
친정 어머니가 필요하다

삼 남매

너희들 오면 반갑고
가면 더 반갑고
- 친정 가족 일동

곡소리

사춘기 아들의 앞머리를
대각선으로 잘라 주었다

화목

화목의 결정권은
대부분 어머니께 있습니다

자녀가 불편해하는 건
고치는 게 좋습니다

남편께서 불편해하는 건
고치는 게 좋습니다

빨간 다라이

시골 장날에
딸기 한 다라이를 샀다

원망이 없도록
3분의 1

삼 남매
: 저희는 딸기 한 다라이씩 먹고 싶어요

치아 교정

외할머니
: 순열아, 니 이빨이 와 그렇노

김순열
: 외할머니 딸이 낳았잖아요

둘째 출산

애는 내가 낳으니깐
회사에 출근하세요

육아

어린 자녀를 잘 키우는 게
큰돈을 버는 것입니다

아들과 딸

아들은
현장에서 실력을 높이고

딸은
머릿속의 의식 세계를 높이거라

친구를 사귈 때

어디로 튈지 모르는
매운맛 친구보다

예측이 가능한
순한맛 친구가
더 좋단다

큰 손자

할머니는
23년간 짝사랑 중

예비 며느리

명절 없다
여행 가라

전원일기

시골 어르신
무서워

정이 많은 건지
정말로 정이 많은 건지

수고했어

여성으로 태어나서
제일 잘 한 일은

애 낳은 것
애 키운 것

수고했어2

피자 대신에
파전 먹으면 됩니다

쇠고기 전골 대신에
멸치 된장찌개 먹으면 됩니다

파스타 대신
누룽지 끓여 먹어도 됩니다

고급 아이스크림 대신에
우유 얼려서 먹으면 됩니다

어머니가 직접 아기를 양육해야
함께 성장됩니다

어린 자녀가
어머니 되게 만들어 줍니다

어린 자녀의 전두엽을
예쁘게 만들어 놓으면
노년에 웃을 일만 생깁니다

아기랑 같이
낮잠 자고
춤도 추고
모래놀이 하고
딱지치기 하면서
꾸준하게 독서를 해 보십시오

큰돈은
중년 이후에 벌립니다

가정이 편안해야
어머니의 노후도 편안합니다

연단

고생하면
귀가 부드러워진다

복

내가 넘쳐야
진심으로 박수쳐 줄 수 있다

자랑

자랑하는 사람은
잘난 사람입니다

인정하고
들어 주면

나에게도
자랑할 만한 일이 생깁니다

지인의 자랑 소리
참 듣기 좋습니다

들고양이

이 자식들
너희들 참 뻔뻔하더라

누군지 말해
마당에 똥 싸고 도망간 놈

대단 혈기

못자리 정해 놓고
혈기 부리다

쌍쌍바

우린 다 고만 고만
100보 200보

사람

가까이 가면
냄새 납니다

인맥

구차히 살면
구질구질한 사람만 모여 든다

인맥2

건강한 인맥을 맺고 싶다면
의식 세계를 높여야 한다

인생의 맛

밭에도
청국장 냄새

대중목욕탕에도
청국장 냄새

청국장 가루로 만든
수제 영양제를
몸에 바르신다

아,
맑은 공기에서
때 밀고 싶다

인생의 구수한 맛을
아직 모르나 보다

주하 엄마

연년생 아들의
초등학교 6학년 담임 선생님은
강혜진 작가님이시다

나는 학부모에서
이분의 언니가 되었다

여러 해 다독을 하며
조용히 자기 계발을 하고
여러 권의 책을 출간한 작가님이 되셨다

학부모를
언니로 만드는 실력

자신의 겨울 조끼를 벗어
여학생에게 입히는 실력

제자들을

자신의 집으로 초대하는 실력

초겨울 김장철이면
이전 학부모들에게 연락 오는 실력

교장은 더 늙어야 한다며
승진 속도를 늦추는 실력

상대의 자존감을
하늘 높이 올려 주는 실력

강혜진
: 뱃속의 아이를 '주하'라고
지어도 될까요?

우린
같은 '주하 엄마'가 되었다

내 장례식장에서
연년생 아들의 손을 잡고
목 놓아 울어 줄 사람

강혜진 작가님이시다

강혜진
: 저의 성장을 누구보다 반겨 주시니
옥이언니만 만나면 날개 단 듯
떠들어 재낍니다~^^
친언니 같습니다
귀한 시간 내어 주서서 감사하고
정말로 즐거웠습니다~^^

김성옥
: 할매가 되어도 내 앞에서
무조건 떠들어 재껴 주세요

신분 상승

자존심이 발효될 때
신분 상승할 수 있는 기회

동역자

우리는
커서 뭐가 될까요

예산

가계부를 써야 하는 이유는
머릿속에 세로 막대 그래프가
만들어지기 때문이다

중년

쌀밥을 먹을수록
무게 중심 잡기가 쉬워졌다

정신 통일

내가 할 일과
하늘이 할 일

프레임

경상도 거친 사장님을
사춘기 아들로 보면 괜찮다

통찰력

문제는
레벨을 올릴 수 있는 기회

매너

담장으로 넘어가지 말고
대문으로 들어가야 한다

매너2

매너가 좋으면
귀인이 머문다

시근머리

철들면
피곤하다

시근머리2

28살
4살 큰아이를 이겨 보겠다고
기 싸움을 하던
철없던 애미였다

내가 어른이 된 건
큰아이가 나를
잘 봐 줬기 때문이다

미니멀

허전한 마음에
과욕을 부립니다

미니멀2

방 청소는
뇌 청소

미니멀3

무엇을 살까 대신
무엇을 버릴까

미니멀4

한 평 드레스룸에는

고무줄 바지 3개
니트 3개
점퍼 2개

미니멀5

삶이 간소하고
정돈되어야

일 처리가 깔끔하다
인간관계가 깔끔하다

풀자

혼자 오해하고
혼자 삐지고

고민

아버지 장례식에서도
삼시세끼 다 챙겨 먹었다

지금 고민은 별것 아니다

아버지

전국에 아버지 4명
오빠라고 우기시겠지만

주님은 이 땅에서도
아비 없는 딸을 위로하신다

멍멍멍

삼 남매
: 우리도 강아지 키워요

어머니
: 4마리는 못 키운다

소문

아니 땐 굴뚝에서
연기가 나기도 합니다

그 검댕이나
내 검댕이나

통달 흰돌

혈기 많았던 팔순 흰돌이는
잘 짖지도 않는다

인생을 통달한 것일까
만사가 귀찮은 것일까

청소력

집의 내부는
주인의 머릿속이다

외부는
내부를 비추는 유리창이다

중년 여성

줄지어 다니는
검은 외투의 개미
거기서 거기

줄지어 다니는
검은 기미의 중년 여성
거기서 거기

그 젊은 날의 싱그러움은
어디로 간 걸까

애쓰지 말고
마음 편히 살라는
신의 배려일까

예수 면장님

2012년
외벌이 시절
차상위계층이었다

면사무소에서
저소득층 아이들에게
장학금을 전달한다 하여

시골 버스가 여의치 않아
방학 기간 수업 중이었던
큰아이의 손을 잡고
택시를 타고 면사무소로 갔었다

아, 이를 어쩌면 좋아
대문짝만 한 플래카드 뒤로
큰아이를 숨기고 싶었다

면사무소에 모인

등이 구부정한 곱등이 아이들은
피아노 학원생들이 아닌가

조용히 면장실로 걸어가
10만 원을 반환하고 싶었다

덩치가 황소만 한 애미가
쥐구멍에 눈을 넣고 싶었다

그래,
가난은 번잡스러운 일이다
(오라 가라)

지역신문 일면에
등이 구부정한 아이들의
단체 사진이 필요하셨을까

우리 예수님께서
면장님이셨더라면

환갑을 훌쩍 넘으셨을

예수 면장님

10살짜리 손주가 여럿 있을
예수 면장님

장학금을 주고도 불편한 일을
예수 면장님은
최종 결재 라인에서
서명을 하지도 않으셨겠지

10년간 사회생활과 단절된
철없는 애미도 알 만한 일을

환갑을 넘기셨을 예수 면장님은
오라 가라
연락도 안 하셨을 거야

손주 같은 저소득층 아이들이
혹여나 생채기라도 생길까 봐

전산 행정 시스템에 저장되어 있을

아이들의 부모에게
조용히 계좌이체 해 주셨겠지

2,000년 전,
예수 면장님은
오른손이 하는 것을
왼손이 모르게 하라 하셨다

약자의 자존심을 배려한
할비의 성품이 아니었을까

쥐구멍에 숨은 대가
현금 잔액 83,000원
십일조 10,000원(-)
왕복 택시비 7,000원(-)

섬김도 지혜가 필요하다
때론 무관심도 섬김이다

예수 면장님2

시골 어르신께서
삼남매에게 1,000원씩 주실 때면
깊이 고마워했던 나였다

면사무소에서 나라미를
저렴하게 구입할 수 있을 때도
숨죽여 감사기도를 드렸던 나였다

10년이 지나
83,000원을 가벼이 여기며
오라 가라는
이런 글을 적다니

나는 아직도
3일간 죄를 짓고
3일간 회개를 한다

아내 화해법

남편을 와락 안아 버렸다
갈비뼈가 아프다

복리 이자

연년생 아들의
중학교 교복비는
시아버님의 돼지 저금통

시아버님의 금고에
현금을 가득 넣어 드릴 거다

공주의 규칙

아프면
우리만 속상하지요

우리는 연애 시절
왕관 머리띠를 쓴
엘사 공주님이었습니다

이제는
기저귀를 만 번이나 갈며
행주를 훈장처럼 여기는
지구 인류가 되었습니다

왕관 머리띠를 쓴 엘사 공주님이
아프다고 하면

그 옛날
충성을 맹세하던 머슴은
은근히 버거워합니다

자,
정신을 통일합시다

산에 가서
쑥 뿌리를 잘근잘근 씹어 먹고

시장 가서
도라지 뿌리를 구입해
도라지 물을 마시고
남은 뿌리까지 갈아 먹읍시다

그리고 여유가 된다면
림프 마사지를 받고
흑염소도 한 마리 잡아먹읍시다

그래도 아프고 우울하다면
여성 호르몬제를 복용합시다

체력은 실력입니다
좋은 컨디션을 유지해야

그 옛날 싱그러운
엘사 공주님이 됩니다

공주의 1번 규칙
즐거움입니다

즐거움에
집중합시다

아내가 웃어야
집안이 천국이 됩니다

대출금 조기 상환

작년 입은 옷
올해 입고

어제 입은 옷
오늘 입고

대출금 조기 상환2

탐욕이란
지나치게 탐하는 욕심입니다

샤넬 팬티를 입든
구찌 런닝을 입든

장날 할머니 면 팬티를 입어도
내가 좋으면 명품입니다

주님께서
㈜쌍방울 면 팬티를 입혀 주셔도
고함량 면 100%라며
두 손 번쩍 들고
논밭을 마라톤 할 것 같습니다

겸손이란
200만 원을 벌면
200만 원 안에서 살아 내는 것입니다

빚 갚는 속도는
애 낳는 속도보다
더 빠릅니다

대출금 조기 상환3

가정의 빚은
간소하게 살면
금방 갚을 수 있습니다

빚도 습관입니다

대출금 조기 상환4

급여 입금과 동시에
최소 생활비만 남겨 놓고
대출금을 중도 상환을 했습니다

대출금 이자보다
중도 상환 수수료가 더 저렴합니다

겸손한 마음으로
냉장고 음식을 먹겠습니다

식탐도
교만입니다

주님께서 공급해 주시는
담백한 음식으로
한 달을 살아 내겠습니다

대출금 조기 상환5

물욕이 사라졌다

늙은 건지
은혜인지

기모 추리닝 바지 하나로
한겨울을 살았다

깜박하고
교회에 입고 가는 바람에

추리닝 입고
강대상 아래에서
찬양 인도를 했었다

대출금 조기 상환6

빚을 갚는데

돈을
정신 못 차리게 했다

미련곰

친정집에 대추나무 20그루
대추 한 알도 관심이 없다

남편께서
대추 생강물을 끓여 달라고
연락이 왔다

마트에서
대추를 샀다

참
미련곰이다

미련곰2

평생 하지 말아야 할 말을 해 버렸다
"꽃 대신 돈"

20년간
꽃구경 못했다

참
미련곰이다

세마포 한복

김영진 법무사님 안녕하세요
그동안 평안하셨는지요

그곳의 날씨는
맑음인가요

꿈속에서 큰아이를 등에 업고
사무실 물청소를 한 후에

근저당권 말소 서류를 만들어
법원등기소에 접수를 했습니다

다시 근무하고 싶었고
얼굴 뵙고 싶었습니다

어미 있는 방치는 괜찮지만
어미 없는 방목이 불편해

사무장이 되고 싶은
꿈을 내려놓고
가난한 육아를 선택했습니다

법원에서 법무사님의 글이 좋다며
칭찬해 주셨을 때도
고객 숙여 기침만 한 번 하셨습니다

큰 어른의 뒷모습에서
인생을 배웠고

법원과 관공서를
얼마나 신나게 뛰어 다녔는지 모릅니다

돌판에 구워 주셨던 쇠고기를
언제든지 찾아가면 먹을 수 있을 거라
생각했습니다

법무사님의
콧노래가 생각나면
저도 따라 하곤 합니다

(찬송가 435장)
나의 영원하신 기업
생명보다 귀하다
나의 갈 길 다가도록
나와 동행하소서

법무사님
제가 천국 가는 날에
마중 나오시겠어요

세마포 한복 입고
큰절 올리고 싶습니다

새댁에게

어머니들 만나서
학교와 시댁 이야기하는 대신에

7년 뒤에
아이들이 내 곁을 떠나면

나는
어떠한 사람 되어야 할지

도서관에 앉아 계시는
저자의 말을 잘 경청해 보십시오

새댁에게2

셋째 아이가 어린이집에 가던 날
도서관으로 갔었습니다

삶이 막막할 때
저자와 마주했습니다

그때
콩알만 한 꿈
저자가 되고 싶은 꿈을 꾸었는데

꿈을 이루는 데
10년이 걸렸습니다

자기계발서에서 공통으로 하는 말이
정말 맞더라구요

지금도 음식 만들 시간에
국수 한 그릇 사 먹고

도서관 가는 게 좋습니다

하루를 정성스레 살아 내다보면
뜬구름 잡던 일이
현실에서 일어납니다

새댁에게3

정상 체중을
유지해 보세요

만남 줄이고
소비 줄이고
저녁 식사량을
절반으로 줄여 보세요
(수면 시간 줄고, 살 빠집니다)

유튜브에서
재테크 강의를
1.25배 속도로
최대한 많이 들어 보세요

3년간만
귀에 무선 이어폰을 꽂고
집안일을 해 보세요

이월 상품 옷 입고
운동장, 도서관에서 놀면서
두부, 콩나물 먹으며
현금을 모아 보세요

자녀가 어릴 때는
아무리 좋은 곳에 데려가도
잘 기억하지 못합니다

노년에 사용할
깊고 넓은 우물을
지금부터 조금씩 준비해 보세요

꾸준하게 공부하면
돈의 길이 보이고
돈의 단위가 바뀌고
돈 그릇 사이즈가 커집니다

누구는
휴대폰으로 게임을 하고

누구는
휴대폰으로 대기업 연봉을 법니다

부자 냄새

하루의 쓰레기는
집 밖으로 가지고 나온다

책임 전가

업무를 대하는 당신의 태도는
해당 업무에 그대로 담겨서
그에 마땅한 결과를
당신에게 가져다준다
- 왕중추

거래업체 사장님께서
김실장 탓이란다

하늘같이 높으신 분이
입에 거품을 물며

하등한 경리에게
책임을 전가하시다니
(아이고 못났다)

나는 아무 말 하지 않고
은근히 즐긴다

(김실장 많이 컸어)

책임을 전가한 그 사장님은
나보다 아랫사람인 것이다

큰 그릇

부당함을 당할 때
작은 그릇이 찢어지고
큰 그릇이 만들어진다

글쓰기

입력이 되어야
출력이 된다

신체 자본

맑은 피부
깨끗한 치아
윤기 나는 손톱
단정한 머릿결

이것만
갖춰도

시골 장날 트럭에 파는
티셔츠를 입어도
고급스럽다

주님과 손잡고

긍휼

예수님께
사랑스러움을 당하다

은총

주님 날 붙드시니
주를 붙들고 삽니다

새벽 기도

새벽에 드리는 선물
눈물과 콧물 묻은
휴지 한 봉지

새벽에 받는 선물
기쁨과 평안
위로와 용기
응답과 아이디어

기도하자

돌머리에서 고민하면
돌만 나옵니다

기도

집 나갔던 총명
기도하면 돌아옵니다

기도2

기도는
쉽다

기도3

큰 바윗돌이
모래알로 변합니다

기도4

중보 기도는
속옷을 만들어
상대의 허물을 덮어 주는 것

기도5

골방의 기도 자리는
베들레헴 마구간

기도6

남을 위해 울어 주면
나는 웃을 일만 생긴다

기도7

골방에서
교통정리가 된다

기도8

아이디어를
받는 시간

기도9

주님께 물어보면
가르쳐 주십니다

기다릴까요
직진할까요

기도10

시작은 울었다가
마지막은 웃는다

기도11

자녀가 울면
몸 둘 바를 모르신다

기도12

내 발목을 쳐서
주님 앞에 복종시키는 것

기도13

무릎으로
먼저 해결하십시오

분명하고
정확하게
가르쳐 주십니다

기도14

내 기도는
내가 하자

기도15

가장 기뻐하시는 기도
"불쌍히 여겨 주옵소서"

기도 16

주님께
고민을 상담하면
부작용이 없다

기도 17

의지로 골방에 들어가면
그다음은 성령께서 이끄신다

기도18

성령님께
안테나를

기도19

비밀은
기도하는 자에게 주신다

네, 맞습니다

딸아
너가 기적을 믿느냐

목동 출신 다윗을
누가 왕이 되게 하였느냐

문제 해결

마스터 키를
들고 계신 주님

문제 해결2

주님 자체가
지혜의 근본입니다

불순종

주님
때리지 말고
말로 하세요

순종

주님 말
잘 들을게요

주님은

하늘의 주인
땅의 주인

제자

주님 따라갑니다

걸어가신 오른발에
내 오른발을 올려놓고

걸어가신 왼발에
내 왼발을 올려놓습니다

눈의 결

피부에도 결이 있고
마음에도 결이 있다

주님 앞에
눈물을 많이 흘린

할머니들의 눈결은
온순하고 곱다

눈물

주님 생각
교회 생각

눈물2

주님을 떠나선
살 수가 없습니다

동행

주님은 아십니다
보고 계십니다

고속도로

주님 앞에서 많이 울면
걸림돌을 제거해 주신다

신뢰

주님의 눈이
정확합니다

경배

주님을 높여 드리면
나를 높은 곳에 두신다

하나님께

가까이 함이
복이라 하셨지

소망을 두는 것이
복이라 하셨지

상의

사람과 상의할 게 있고
주님과 상의할 게 있다

인도

나의 앞길이
주님 앞에 있습니다

인도2

주님의 큰 손이
나를 덮습니다

용서

나도 검은색
너도 검은색

순리

주님께 머리를 숙이면
자녀가 부모님에게 머리를 숙입니다

교회는 병원

나도 환자
너도 환자

중환자에게서
무엇을 바라나

응답

딸아, 감사만 하라
주님께서 일하신다

고백

교회 바닥을
눈물로 닦으소서

성령님 환영합니다

성령을 받으면
용감한 사람이 된다

뜻대로

토기장이 집으로
걸어갑니다

주인의 뜻대로
빚어 주옵소서

이스라엘 족속아 진흙이 토기장이의 손에 있음 같이
너희가 내 손에 있느니라
(예레미야 18장 6절)

축복받을 기회

감동을 주신 것은
기회를 주신 겁니다

꿈

주님을 감동시킬 때
부강한 사람이 된다

연단

태도가 거칠면
연단이 길어진다

엎드려

조금 모자라게 살면
편합니다

엎드려2

밟으면
밟히겠습니다

뜻

그리 하실지라도
그리 아니 하실지라도

복

복 받을 자리와
복 받을 행동

사랑

인덕은
매력이다

어르신

하나님은
집안의 무서운
당숙 어르신 같다

어르신2

그 무서운 당숙 어르신이
친정 아버지가 되셨다

정체성

하나님의
자식입니다

은그릇

두들겨서
그릇을 확장시켜 주십시오

권사 취임

담임 목사님
: 권사 준비하는 게 어떻노

김성옥
: 아이고, 목사님예

흰머리 30개 난 집사가
교회에 무슨 덕이 될까 싶어

담임 목사님 면전에
열 손가락을 마구 마구 흔들며
예배당을 나왔습니다

아~ 내가 권사 할매라니

권사 취임2

주님 나라에
영원한 청년일 줄만 알았다

주님 나라에
영원한 청년이고 싶다

피난처

주님의 뜻이 있는 곳이
가장 안전한 곳입니다

인내

쌀밥 먹고
식혜가 되었다

고난

미성숙하니깐
연단을 받는다

지혜

잘 섬기기 위해
지혜가 필요합니다

아픈 손가락

약하니깐
더 사랑하시지

모자라니깐
더 사랑하시지

사명

실력보다
중심을 쓰시는 주님

직분

서 있어야 할 자리
지켜야 할 자리

그릇 넓히기

모멸을 받아도
입 다물 수 있나

수치를 받아도
입 다물 수 있나

주님께서
높여 주실 때까지
입 다물 수 있나

예배자

찬송 부를 때
지혜가 임하고

예배드릴 때
총명이 생깁니다

사명자

제 손끝을 통하여
주님의 일을 하십시오

책임

주님께서 내 인생에
보증이 되어 주십시오

죄송합니다

남편이 귀여운 건
내 속의 예수님이
남편을 귀여워하시기 때문이다

저울

축복 주시기 전에
흔들어 보신다

교회

헌금 내고
책망받는 곳이다

주님의 훈련법

앞으로 굴러
뒤로 굴러

굴리기 전에
순종

테스트

자존심이 상하는 순간

"주님 말씀하십시오
마음을 더 낮추겠습니다"

하늘 방법

주님께서
대각선으로 걷게 하실 때

그때는
울고 싶었다

대각선이 지름길이었다

들숨

주님은
시골 아침의
싱그러운 공기 같습니다

두 교회

주님의 고집으로 세워진 교회
목사님의 고집으로 세워진 교회

해석

문제로 보면 문제입니다
감사로 보면 감사입니다

심부름 은사

남편 심부름
대표님 심부름
목사님 심부름
하나님 심부름

주님 앞에 서는 날

오늘의 불편함은
아무 일도 아닐 텐데

총명

주님
가르쳐 주세요

잘 모르겠어요

기도원

정 주면
떠나시니

오시나 보다
가시나 보다

오시면 안녕
가시면 안녕

기도원2

기도 좀 하신다는 분들이
기도원에 오신다

먼저
쉰 목소리에 압도당한다

나는
교회 식당에서
조용히 설거지하시는 분들을
참 좋아했다

기도원3

교회 마당에서
말없이 잡초를 뽑으셨던 분들이
오랫동안 목사님 곁에 계셨다

기도원4

기도자의 훈장
쉰 목소리

기도원 며느리는
목소리가 멀쩡하다

언제쯤
쉰 목소리를 갖게 될까

나는 날라리
좀 노는 언니다

회개

주님의 보혈 안에
잠기게 하소서

안수 기도

두 손을
내 머리 위에 올려
안수 기도를 합니다

예수님의 보혈로
상처는 축소되고
평안은 확대되게 하옵소서

중보 기도

콩알 한 알이라도
목사님과 나눠 먹자

목사님께 받은
중보 기도가 얼만데

헌신

말을 알아듣는
10살에게
심부름을 시키고

2살에게는
이유식만 먹이고
잠만 재우시겠지

섬김

주님께서 맨발로
흙바닥을 거니고 계실 때

나에게 요청하신 것은
브랜드 신발이 아니었다

다이소에 파는
1,000원짜리
양말이었고

장날에 파는
10,000원짜리
말표 검정 고무신이었다

분별

눈 밝고
귀 밝아
세상의 이치를 아는 능력을 넘어

상대의 심령의 소리를 듣고
분별하는 능력을 주옵소서

지혜롭게 살아가도록
딸의 머리 위에
지혜의 빛을 비춰 주옵소서

환난

주님의 손이 얼마나 큰지를
보여 주실 때입니다

환난2

나의 힘이신 여호와여
내가 주를 사랑하나이다
(시편 18편 1절)

주님께서 해결하시도록
부담을 안겨 드립니다

사랑 고백만 실컷 합니다

의뢰

자녀를 주님께
맡깁니다

저도
주님께 안기렵니다

막내 회개법

회초리로 매 맞기 전에
주님을 안아 버립니다

채찍

주님께서 막대기로
꾹꾹 찌르실 때

"주님,
사람 되겠습니다"

존귀

그가 나이 많아 늙도록 부하고
존귀를 누리다가 죽으매
(역대상 29장 28절)

다윗왕의 노년에 주셨던 축복

담임 목사님에게도
동일하게 주십시오

존귀함으로
옷을 입고

평생 지갑에
현금이 마르지 않게 해 주십시오

기름 부으심

찬양 인도자가 된 지
30년이 되었습니다

성령께서 강력히 임하시면
강대상 앞을 뛰어다니고 싶습니다

내 다리가
내 다리가
방정입니다

믿음

하나를 버려야 하나가 옵니다
세상을 버려야 주님이 옵니다

플래시

주님 손잡으면 지름길이고
주님 손 놓치면 흑암입니다

천국 이율

이처럼 좋은
투자가 있을까

조금만 더
말씀에 순종하면

천국에서 경상도만 한
집에서 살 텐데

천국의 노숙자

편하게 예수님을 믿으면
천국은 가겠지만

집 없는
노숙자로 살게 됩니다

지옥

출소와 죽음이 없는 곳

지옥의 색
붉은색
검은색

지옥의 냄새
피 냄새
유황 냄새

지옥의 소리
고함 소리
울음 소리
원망 소리

결단

주님의 손에 올려 드린

결
정
권

어떠한 과정으로 이끄시든
순종하겠습니다

결단2

주님보다
앞서지 않겠습니다

간청드렸으니
조용히 기다리겠습니다

허락하시면
환경을 열어 주시고

허락지 않으시면
돌아서겠습니다

결단3

결국
주님을 선택하게 됩니다

결단4

주님이면 됩니다
제 곁에 계시면 됩니다

결단5

사면이 막히면
고개를 들어
하늘을 향해 박수를 칩니다

주님께서
일하십시오

간청

주님의 사랑에
제 고집이 녹습니다

여기서 그만

네, 주님
무슨 말씀이신지 이해했습니다

더 이상
고집 부리지 않겠습니다

당신은
멀리 보시는 선한 목자입니다

여기서
멈추라는 건

지금은 이해할 수 없어도
시간이 지나면 알게 됩니다

주신 감동에
순종하겠습니다

겸손

주님 학원에서
1:1 개인 과외 받기 전에

머리 숙이고
다니겠습니다

특수 훈련

세면
센 놈 붙여 주신다

온유하면
훈련 끝이다

나에게

신자 맞나
천국 갈 수 있나

보석 방석

주님께서 기뻐하시는
방석에 앉아 있겠습니다

두 렙돈

예수님,
쇠고기국밥 사 드릴게요

제가 크면
한우 꽃등심 사 드릴게요

예수님,
용돈 5만 원 받으세요

칠순 때는
용돈 500만 원 드릴게요

오늘
쇠고기 국밥비와
용돈 5만 원은
저의 전부였습니다

기쁜노래펼침

미션 스쿨
주님의 심장을 녹였던
기쁜노래펼침 중창단

18살,
우리는 교회 권사님들만큼이나
뜨겁게 기도를 했었다

1학년 은정 현미 정은 진주 선희
2학년 명희 정경 희정 성옥 혜진
3학년 영진 은진 은경

주님,
우리의 찬양을 기억하시고
우리의 이름을
생명책에 기록해 주십시오

동행

여전히 암초는 있지만
바닷물 수위를 높여서
몸을 바다에 맡깁니다

너울성 파도를 타며
몸에 힘을 빼고
배영하며
하늘을 보고 갈매기도 보렵니다

문제는 여전히 존재하지만
인생을 즐기는 중입니다

교만

당신 참 교만하네요
오래 못 가겠네요

교만2

근심도
교만입니다

교만3

하만이 만든 나무에
하만이 달렸다

교만4

전동 그라인드로 갈리기 전에
둥글둥글하게 살겠습니다

주님께서
안전화 신고
목장갑 끼시지 않도록
눈치껏 살겠습니다

교만5

나를
어쩌면 좋습니까

십일조

명절연휴 마지막 날
십일조 정산

삼 남매의
콧물 묻은 십일조는
교회에 계좌 이체

10분의 1은
씨앗입니다

십일조2

둘째 아이의
첫 알바비 330,000원

십일조
33,000원

부모님 선물은
크런키 초콜릿 2개

"주님,
포도즙 틀에
새 포도즙이 넘치는 축복을 주십시오"
(잠언 3장 10절)

사료용 귤

감귤사이즈는 2번~8번

2번~5번 마트용
6번~8번 인터넷용

오렌지만 한 8번 귤을
삼 남매들에게
일주일에 30kg을 먹였다

친정집 큰오빠가 한 말이다
"옥아, 이건 사료용이다"

사료용 귤을 먹었음에도
건강했던 이유는
양식과 물에 복을 주셨기 때문이다

네 하나님 여호와를 섬기라 그리하면 여호와가
너희의 양식과 물에 복을 내리고 너희 중에서 병을 제하리니
(출애굽기 23장 25절)

용서

등짝을 한 대
쥐어패고 싶은 순간

소매를 걷어붙이고
양동이에 물을 담아
상대의 진흙 묻은
발을 씻겨 주기까지

만 가지
생각

예수님
생각

용서2

문제를
빨리 해결하는 방법

용서3

내가
용서합니다

나도
용서받습니다

용서4

용서할 때
내 마음도 녹고
주님의 마음도 녹습니다

용서5

하늘이 열려
물질의 축복도 같이 옵니다

테스트

하루
이틀
사흘

주신 감동에
순종하기까지
같은 응답

딱,
미치고 팔딱

묵상 기도

주님
제게 하고 싶은 말이 있으세요
마음껏 말씀하세요

묵상 기도2

주님 나라에
제가 무슨 도움이 되겠습니까

그럼에도
시골 촌뜨기에게
이토록 은혜를 베푸십니까

흰 눈

상대의 얼룩을
소리 없이 덮어 버리는
눈 같은 사람이 되었으면

혼잣말

예수님을 오래 믿었으면
장성한 청년이 되었으니

손톱은 스스로
정리해야지

분유 달라고
떼 쓰면 안 되지

삼계탕의 오돌뼈까지
우두뚝 씹어 삼켜야지

어떤 이의
직선의 말도
카본 필터로 순환해서
꿀꺽 삼킬 줄 알아야지

주는 것 없이 미운 사람도

축복 기도만 하는 거다

35년
예수님을 믿었으면

양

주님께서
어디로 이끄시든
선한 결정입니다

주님 발자국보다
앞서지 않겠습니다

조금 느리더라도
목자의 음성을 듣고
따라가겠습니다

효

어린 자녀가 예수님을 믿으면
효도합니다

어린 자녀에게 성경을 가르치면
효도합니다

자동적입니다

커트 머리

생머리를 세팅하느라
새벽부터
시간 낭비
세월 낭비

새벽 30분을 더
주님 곁에 머물면
말년에 복을 받겠지

남자 세계에서
커트를 해도
뭐 흠이 되겠나

행님아 부르고
다니면 되겠지

우리 집에는
아버지 2명이 되겠지

뭐 어때
다시 시집갈 것도 아닌데

주님께만
이쁨 받으면 되지

주님 눈동자에
내가 들어 있으면 되지

기도 모터

머리카락과 맞바꾼
기도 시간

1시간 기도는
나 혼자만 샤워할 물을 만듭니다

1시간 이상의 기도는
가족이 샤워할 수 있는 물을 만듭니다

새벽에
기도의 모터를 가동하여
물탱크로 펌프질을 합니다

기도의 물탱크에
물이 채워지면

아침부터
내 눈에도 물이 나옵니다

커트 머리에
화장이 다 지워져
맨얼굴로 근무를 하면

이건 뭐
가시나도 아니고
머스마도 아니고

그런데 참 이상합니다
온종일
사람이 그렇게도 예뻐 보입니다

기도의 씨앗은
주님의 심판대 앞에
결과로 드러납니다

기도 자리

새벽에는 내 얼굴을
나도 못 알아본다

새벽에
주님께서 기다리고 계신다

눈곱 2개 달고
맨발에 추리닝

대통령보다
높으신 주님

새벽
누가 내 이야기를 들어 줄까

기도는
종착지가 있다

심판대 앞에 서는 날
그분은
내 눈물을 기억해 주시리라

새벽
받는 이만 아는 기쁨이 있다

가위눌림

호텔 침대가 진동했고
몸이 움직이지 않고
말이 안 나왔다

생애 첫
가위눌림

신기하게도
평안했다

나도 모르게
"감사합니다"
고백이 나왔다

가위눌러 주는 이도
재미가 좀 있어야지

화들짝 놀라 주는

퍼포먼스를 기대했을 텐데

너무 태연하게 편안히 누워
계속 고맙다고 말해 주니

가위눌러 주는 이도
얼마나 진땀이 났을까

생애 첫 가위눌림은
순간 허무하게 사라져 버렸다

감사가
능력이었다

태풍 힌남노

50년 된 지붕 위가
태풍의 길

바람 소리는
북소리 같고

나무 창틀 소리는
장구 소리 같다

얼
쑤

그 난리통에
꿀잠을 잤으니

살아도 천국이요
죽어도 천국이다

비전

주님의 꿈에
관심을 가졌을 때

어느덧
내 꿈이 이뤄져 있었습니다

설교시간

성령의 은혜는

한 곳에
집중적으로 내리는

국지성 호우

제5계명

자녀에게 1개가 가면
안 돌아옵니다

부모에게 1개가 가면
10개가 돌아옵니다

사과

주님은 이번에도
먼저 사과하랍니다

주님을 알아 갈수록
나는 바보가 되었습니다

다시금 사과할걸
처음부터 분쟁을 만들지 않습니다

은사

은사 받고
교만한 사람보다

은사 없이
겸손한 사람이 더 좋습니다

조용히 순종하는 사람이
상위의 사람처럼 보입니다

모태 신앙

엄마가 기도하는 친구가
제일 부러웠습니다

이제는 제가
그런 엄마가 되려구요

자녀의 배우자

주님께
사랑받는 사람이면 됩니다

주님을
사랑하는 사람이 됩니다

헌신

주여
부담 갖지 마옵소서

내 몸을
당신께 드리겠나이다

멸치 가운데 토막

아파트 계약하기 두 달 전
지금 사는 101동 앞
놀이터 벤치에 앉아
하늘을 보았습니다

김성옥
: 주님예
이 많은 세대 중에
제가 살 집 하나 없습니꺼

주일날
찬양 인도 중이었습니다

주님
: 딸아 집이 팔리면
목사님께 드리거라

마이너스 재정인데

이 무슨 마른하늘에
날벼락 같은 응답인가

너무 선명하고
분명한 음성이었습니다

김성옥
: 네, 그렇게 하겠습니다
주택은 목사님 것 맞습니다
저희가 20년간 무상으로 살았습니다

주님의 선물은
언제나 무겁지만
가볍게 진행됩니다

공인중개사 소장님
: 101동이 두 달 넘게
계약이 안 된 건 처음입니다
성옥 씨가 주인이 되려고 했네요

어릴 적부터

포기를 먼저 배운 사람

소리 없이
눈물 흘릴 줄 아는 사람

이번에는 주님께서
힘 좀 써 주셨습니다

저는 주님께
멸치 가운데 토막을
드렸을 뿐입니다

태평양 대어를
딸의 가슴에 안겨 주신 주님이
너무나 고마워서

딸아이 책상에 앉아
사랑 고백만 했습니다

주님,
사랑합니다

감사합니다
영광 받아 주옵소서

곰팡이 벽 대신에
대리석 화장대를

돼지 뒷다리살 대신에
쇠고기 부채살을

산딸기를
밥숟가락으로 마음껏 떠먹다니

101동 앞
붉은 눈시울을
기억하셨다니

멸치 가운데 토막을
기억하셨다니

1102호 아줌마

아파트에는
신기한 게 많습니다

싱크대에서
뜨거운 물이 나오다니

안방에도
화장실이 있다니

길 건너편에
도서관이 있다니

거실에서
바다가 보이다니

1년간 적응이 안 되어
남의 집에서 사는 기분이었습니다

이제는 논길을 걸을
필요가 없습니다

정들었던
시골 까꿍이 3종 세트
뱀, 쥐, 두꺼비와도
생이별을 하게 되었습니다

50년 된 시골집에서는
가스불에 물을 데워
삼남매를 씻겨서 키웠습니다

관광지 화장실이
우리 집 안방보다 더 좋았습니다

아파트 관리비 내고
이러면 촌스러운 거 알지만

주님이 고마워서
아파트가 고마워서
뜨거운 물이 고마워서

새벽에 엘리베이터 안을
닦습니다

십자가

내 속에는
혈루증 여인이 있고
우물가의 여인이 있다

십자가 곁에서
하염없이 울던 마리아가 있다

2,000년 전
그 십자가 현장을
오늘도 서서 바라보고 있다

네네, 고객님

인격이 있는
한 사람을 다루기가
만만치가 않다

우리 주님은
얼마나 머리가 아프실까

자리

직장에서 내 위치는
주님의 발등상 아래

순종

머슴이 못 할 말

왜요
제 생각은요
그건 아닌 것 같은데요

순종2

순종하면
쉽게 된다

순종3

내 기분대로
물질을 사용하면

다른 사람의 호주머니로
부가 이동된다

둥글게

거제 몽돌 해수욕장의
둥글둥글한 몽돌이 되기까지

주님은
사람의 막대기로
이리 저리 굴립니다

고급 포도주를 만들기 위해
형태가 없도록
잘근잘근 밟습니다

새파랗게 선 칼날을
무딘 칼날이 되기까지
마음껏 굴리십니다

은총

교회 앞마당에 있는

돌멩이에게도
풀에게도

복을 주옵소서

영권

영권은
사랑에서 나온다

너

자존심 상하니

하나님은
아들을 죽이셨다

다짐

침묵
침묵
침묵

겸손
겸손
겸손

협력

우리는 주님 나라에
벽돌 한 장입니다

회개

자식의 허물을
외부에 말하지 않는다

조용히 덮어 주신다

신사

예수님은
내가 만난 분 중에
가장 젠틀하신 분

달란트

작은 재능을 가지고
작은 일을 하면 됩니다

티그 용접

큰아들은 퇴근길에
소금 한 줌을 가지고 온다

검정색 작업복 티에
흰색 소금 얼룩이 한 가득이다

그 얼룩진 소금의 사연은
주님만 알고 계신다

22살 순종이의
첫 급여는 2,036,847원

소금으로 만든 첫 열매는
주님의 것이다

자랑

내 자랑은
주님이 살아 계신다는 것

소유

주님 것을
내 것이라고 고집을 부리면
내 짐이 무겁습니다

예배당

딸의 책상이
예배당이고

식탁이
예배당이다

찬양

찬양 인도자에 주신 은혜

설거지하다가
두 손을 듭니다

식탁에 김치 국물을 닦다가
두 손을 듭니다

거실을 지날 때
두 손을 듭니다

이 백성은 내가 나를 위하여 지었나니
나를 찬송하게 하려 함이니라
(이사야 43장 21절)

친밀감

주님과 친밀한 관계가
우선입니다

축복

진정한 복은
조화와 균형의 복입니다

권세

기도하는 사람의 말에는
권세가 있어
사람들이 끌려옵니다

중심

주님께 잘 하는 사람
사람에게 잘 하는 사람

현금

말끝에
손끝에
사랑이 있으면

재물은 쉽게 들어온다

심판대

상 주실까
벌 주실까

실력

사람을
사랑할 수 있는지가
실력입니다

풋대

내 자리는
주님을 향하는 자리

동행

오늘도
주님이 필요합니다

죄인

죄인이어서
주님이 필요합니다

마른걸레 사명

4개월에 한 번씩
수건을 교체합니다

버리기는 아깝고
사용하기에는 불편합니다

서랍에 쌓아둔 걸레를
발로 슥 닦으면
편리할 때가 있습니다

빛나지 않지만
유용한 마른걸레

저는 주님 나라의
마른걸레입니다

연장

주인의 손때 묻은
연장이 되게 하옵소서

천국 소망

심기 위해
출근합니다

심기 위해
공부합니다

해결

침묵하고
여리고 성을
돌리기만 합니다

가난을 깨는 방법

지금 주님을 기뻐하는 방법이
무엇이 있을까

거부의 영

사랑할 때
하늘의 부가 임합니다

거룩한 부자

거부는
주님께서 만들어 주십니다

최고의 경영자는
주님이십니다

부자

주님
농사를 지으려고 합니다
쟁기를 제 손에 주십시오

돈 버는 습관

하루를
30시간으로 사는 방법

무슨 일이든
깨끗하게
깔끔하게

자녀에게

배추 장사를 하든
붕어빵 장사를 하든
집 앞 바닷가에서
미더덕 껍질을 까든

사명이 있는 곳에는
거부의 영이 임한단다

자녀에게2

구름기둥과 불기둥만
잘 따라가거라

가나안 땅에 들어간단다

자녀에게3

부자가 되고 싶니

주님과 다투지 말고
화목하거라

사람과 다투지 말고
화목하거라

자녀에게4

교회 문제를
확대시키지 말고
축소시키는 사람이 되거라

뚜껑을 덮어 주는 사람이 되거라
주님이 너를 바라보고 계신단다

주님께서
너의 문제를 축소시켜 주신단다

세월이 지날수록

주님을
사랑하게 됩니다
신뢰하게 됩니다

막내 뒤풀이

회초리로 한 대 맞았더라도
주님의 무릎에서 놉니다

딸에게

존경할 수 있는
배우자를 만나거라

딸에게2

주님을 뜨겁게 사랑하는 배우자를 만나야
너가 편하단다

딸에게3

대학교보다
주님께서 기뻐하시는
배우자를 만나는 것이
더 중요하고

직장보다
주님께서 기뻐하시는
시댁을 만나는 게
더 중요하단다

딸에게4

예수님을 믿지 않는 가정에 시집가면
너의 영향력은 20명이고

기도 쌓인 가정에 시집가면
너의 영향력은 2,000명이란다

딸에게5

주하야
세상 남자가
참 멋있어 보여

교회 남자는
조금 모자라 보여

네 집 안방에 있는 네 아내는
결실한 포도나무 같으며
네 식탁에 둘러앉은 자식들은
어린 감람나무 같으리로다
(시편 128편 3절)

청년 시절에 조금 모자라 보였던
원석 같은 청년이

30년 뒤에는
진귀한 보석이 되어
시편의 축복을 받는단다

주님을 잘 섬기는 청년이
가장 매력적이란다

진품을 알아보는
진품이 되기를 바란다

딸에게 6

주님 안에
교회 안에
남편 안에

딸에게 7

여성은 여성스러울수록
마음도 건강하고
신체도 아름답단다

직관
감정
양육
순진
공감
인내

여성에너지를 잘 개발하면
무슨 일이든
쉽게 잘 된단다

보호자

어린이집 입학 준비물은
부모님께서 준비합니다

주님께서 인생의
보호자가 되어 주세요

실내화랑
낮잠 이불도 사 주세요

간식도 넣어 주시고
선생님과 상담도 해 주세요

하원길에
손도 잡아 주시고
등에 업어 주세요

훈련

주님,
왜 이러세요
에서

네, 알겠습니다
까지

딱,
20년

하늘 위로

출간을 앞두고
기도를 드렸습니다

김성옥
: 주님께 위로받고 싶습니다

일주일 후에
지인께서
큰 금액을 주셨습니다

지인
: 옥아, 빽 하나 사라
큰 거 말고 작은 거

갑자기
주님이 잘생겨 보입니다

전략

제 손에
다윗의 물맷돌 5개가 있습니다

전략을 주십시오

개발 제한 구역

주님과의 첫사랑은
보존되게 하옵소서

천지연 폭포

학창 시절
모태 신앙 친구들에게 있었던 폭포가
나에게는 없었다

그건
친구들의 등 뒤에 있던
반짝반짝 빛나는
중보 기도의 폭포였다

"나도요"

캄캄한 예배당에서
서러움의 눈물만 흘렸었다

30년이 지나
내 등 뒤에는
제주도 천지연 폭포가 하나 생겼다

그건 근무지에서 들리는
시아버님의 중보 기도다

상위 0.1% 기도의 사람
시아버님의 기도로
크나큰 폭포가 만들어졌다

새벽에 지인들의 등 뒤에
폭포를 만들고 있다

그 중보 기도 한 물줄기는
비록 이름 없는 폭포일지라도

5년 후
10년 후
산골의 작은 폭포수가 될 것이다

결핍은 언제나
크나큰 강점이 된다

내가 기도하면

얼마나 할 것이며

내가 헌신하면
얼마나 할 것인가

물줄기를 만들어 주시는 분은
주님이셨고

이미 폭포수로 내 마음을
흠뻑 적셔 주시는 분은
주님이셨다

까꿍

주일날
시어머님 얼굴 1번

월요일에 오시고
화요일에 가시면
얼굴 3번

목요일에 오시고
금요일에 가시면
얼굴 5번

시어머님의
까꿍 놀이

열매

언니야 우리 집은
딸들은 년이고
며느리는 님이다
- 시누이

시어머님
: 우리 며느리는
아무것도 모른다
아무것도 못 한다

멀쩡한 며느리를
영원한 띨띨이로
만들어 주셨다

며느리만 교회 일을 시키지 않아
성도들에게 눈총을 받으셨다

며느리를 언제나

모퉁이로 밀어내셨다

시어머님
: 내가 너를 아껴야
늙어서 고생 안 한다
내 딸들이 귀하면
며느리도 귀하다

시어머님은
옆집에 사는 왕언니 같은 분이시다

시어머님 주위에는
늘 사람들을 모여든다

가마솥에 끓인
미끌미끌하고 고소한 음식들은
시집와서 먹어 보았다

세상에는 맛있는 음식이 존재한다는 걸
시집와서 알게 되었다

시어머님의 생신이면
며느리가 현관문을 활짝 열어
시댁 가족들을 초대한다

시어머님은
며느리에게 뿌린 씨앗의 열매를
지금 드시고 계신다

한약

주님
: 내가 사랑하는 딸에게
너가 한약비를 좀 줄 수 있겠니

김성옥
: 네 주님, 순종하겠습니다
얼마를 드릴까요

제가 노인이 되었을 때
한약비를 기억하시어
저를 돌봐 주십시오

얼음물 은사

시어머님은
며느리의 귀인

시어머님은
내가 만난 사람 중에
가장 인정이 많으시다

음식 솜씨는
한정식집보다 더 맛있다

가족들이 건강한 이유는
시어머님의 손맛 덕분이다

그런데
치명적인 매력이 있으시다
화기애애한 분위기에
얼음물을 잘 부으신다

김성옥
: 아이고 어머니, 이 분위기 어쩔 겁니까

시어머님
: 알았다 알았다

김성옥
: 가만히 계실 때가 제일 예쁩니다

시어머님
: 알았다 알았다

시아버님의 사역에
얼음물이 있었기 때문에
순종의 길을 가실 수 있으셨다

성도들이 박수만 칠 때
얼음물로 식혀 주어
겸손한 목회를 감당할 수 있으셨다

22살에 만난

기도원 목사님과 사모님

이분들이 나에게
아들을 주셨다

시부모님과의 우정 어린 마음은
남편보다 더 깊다

시부모님께서
50년만 더
내 곁에 계셨으면 좋겠다

담임 목사님

총기가 점점 부족해지셔도
이해해 드릴 수 있겠니

말실수를 하셔도
허물을 덮어 드릴 수 있겠니

설교가 세련되지 못해도
아멘으로 받을 수 있니

눈이 침침해지셔도
밝은 눈이 되어 줄 수 있겠니

강대상에서
너를 위해 기도한 나의 종을
끝까지 책임져 줄 수 있겠니

너가 기쁨으로
생수 한 잔을 대접해 드릴 수 있겠니

30년의 약속

18살 김성옥
: 주님,
나를 위해 울어 주는 사람도 없고
저는 혼자예요
제가 성인이 되어
주님을 떠날까 봐 두렵습니다
주님께서 보호자가 되어 주세요

저희 딸이 18살이 되었습니다
새벽이면 딸아이 책상에 앉아
조명을 켜고
감사 기도를 합니다

엄마가 되어
18살의 나와 마주했을 때
새벽에 큰 통곡을 했습니다

30년 전

주님은 얼마나 근심하셨을까
옥이를 어떻게 도와줄지를

인생의 굽이굽이마다
긍휼의 흔적이 남아 있습니다

30년 전 기도에
응답하신 주님

오늘의 기도를
70대에 응답하실 주님

나를 천국에 데려가실
유일한 한 분
예수 그리스도

가장 아름다운 보석
예수 그리스도

목회자의 어머니

고3 가을
아들 친구들은 수능 준비할 때
병무청에 군 입대를 신청했습니다

21살 전역
22살 용접사

중고차가 필요했는데
집안의 헌 차는 손주들의 것
집안의 새 차는 목사님의 것

담임목사님께
2024년 신형 산타페를
2025년 신형 펠리세이드를

내가 선 자리에서
내 사명을 감당하면

내 자식들은
벤츠 타는 사람으로

수능 6등급을
1등급 인생으로

호호 할머니가 되었을 때
마트에서 초코파이 하나 사듯
목회자들에게 신차를 가볍게 사 드리는
시골 할머니가 되었으면

골방에서 울고 있는 목회자에게
내 쌈짓돈을 슬그머니 건네주는
시골 할머니가 되었으면

목회자들의
어머니가 되었으면

성전 문지기

2024년 3월
통장 잔액이 마이너스에서
0원으로 전환이 되었습니다

80평 시골 교회 판넬 지붕이
주님의 핏물 같아 보이는 건
나보고 공사하라는 겁니다

흐릿한 교회 간판이
백내장 주님의 눈 같아 보이는 건
나보고 교체하라는 겁니다

담임 목사님은 가만히 계시는데
주님께서 먼저 서두르십니다

처음에는 목사님의
슬리퍼와 간식을
사 드렸는데

점점
헌신의 단위가 커집니다

점점
축복의 단위도 커집니다

담임 목사님에게
순종하는 법만 배웠습니다

감동을 주신다는 건
이미 재정이 준비가 되어 있다는 겁니다

현금은 주시지 않고
마음에 감동을 먼저 주십니다

그리고
순종의 발걸음을 내딛는지
가만히 보고 계십니다

이 과정을 통과하면
전쟁의 전리품을 안겨 주셨습니다

리모델링 공사비는
하늘 창고에 있습니다

곧 통장에
입금될 예정입니다

김성옥
: 주님, 저는 잘 알고 있습니다
주님의 사업은 제가 아니어도
원만하게 진행됩니다

이 축복의 전리품도
제가 가지렵니다

제 손에
10배의 속도를 주십시오

그리고
10배의 수고비를 주십시오

주의 궁정에서의 한 날이
다른 곳에서의 천 날보다 나은즉
악인의 장막에 사는 것보다
내 하나님의 성전 문지기로 있는 것이 좋사오니
(시편 84편 10절)

열왕기하 4장 1절~7절

과부와 두 아이
그 집에 있었던

기
름
병

우리 집 안방에도
준비 했습니다

방문을
잠급니다

기름 부으심의 기적
제 눈으로 보겠습니다

결재

주님
2025년 2월 1일
2년간 모아 둔 글을
완료했습니다

2025년 2월 3일
좋은땅 출판사와
계약합니다

활자에
기름 부어 주옵소서

결재를 올립니다
서명해 주십시오

이 글을 읽은
독자의 가정에

식탁에서
기도자가 세워지고

엘리사 목사님에게 식량을 날랐던
까마귀가 일어나고

자신의 호주머니를 열어
성전을 보수하며

사명의 자리에 서서
삶이 정돈되고
질서가 잡히는 축복을 주옵소서

2,000년 전의 기적
보리떡 5개
물고기 2마리

어린아이의 점심 도시락을 통하여
하늘의 기적을 보게 하옵소서

교회의 재정을 보호하여 주시고

기도하는
거룩한 부자들이 일어나게 하옵소서

저는 고개를 들 수 없는 사람입니다
아버지는 알콜 중독자
어머니는 가정부
아이큐 98
받아쓰기 10점

비탈진 밭두렁에 자라고 있는

민
들
레

민들레 속에 있는 홀씨를
귀하게 보시는 주님

지구의 모퉁이
시골의 모퉁이
버스 안의 모퉁이에서

받은 은혜를 생각하면
눈시울이 붉어집니다

아이큐 두 자리여도
아이큐 네 자리 되신
주님께 시중들면
왕의 기름진 음식을 먹게 됩니다

못생겨도
주님께 시중들면
고급 비단옷을 입게 됩니다

출근하려고
72-1번 시골 버스를 탔습니다

하염없이 눈물이 나와
얼른 마스크를 썼습니다

"주님, 이토록 사랑하십니까"

지혜로운 자는 그의 지혜를 자랑하지 말라
용사는 그의 용맹을 자랑하지 말라
부자는 그의 부함을 자랑하지 말라

자랑하는 자는 이것으로 자랑할지니
곧 명철하여 나를 아는 것과
나 여호와는 사랑과 정의와 공의를
땅에 행하는 자인 줄 깨닫는 것이라

(예레미야 9장 23절~24절)

에필로그

계란 후라이를 하면
소금 간이 안 맞고

멀쩡한 생선을
내가 구우면
비린내가 나고

아직도 라면 물을 못 맞춰
맹탕을 만들고

커피 물을 못 맞춰
쓰거나 싱겁거나

요리는
국가자격증 시험보다
더 어렵습니다

삼겹살 한 점도
고소하게 굽지 못하지만

학생들 앞에만 서면
심장이 저려 옵니다

10대 시절
주님 앞에서 흘렸던
눈물 한 방울을

함박꽃 한 송이로
피어나게 해 주신
정원사 주님을
마음껏 자랑하고 싶습니다

내 나이
칠순이 되는 해

주님께서
남한의 청년들 앞에
세워 주셨으면 좋겠습니다

34살,
삼 남매를 데리고

전국 청소년 수련회에
참석하던 날

먼 훗날
청년들 앞에
서게 해 달라고
간절히 기도를 드렸습니다

주님 곁에 있을 때
글밥이 만들어지는 은혜

그 사랑이
고마워

오
늘
도

바닥 보며
하늘 보며
주님 보며

살게 됩니다

마지막까지
미소 지어 주신 독자님께
머리 숙여 감사를 드립니다

주님,
이토록 사랑하십니까

ⓒ 김성옥, 2025

초판 1쇄 발행 2025년 4월 15일

지은이	김성옥
펴낸이	이기봉
편집	좋은땅 편집팀
펴낸곳	도서출판 좋은땅
주소	서울특별시 마포구 양화로12길 26 지월드빌딩 (서교동 395-7)
전화	02)374-8616~7
팩스	02)374-8614
이메일	gworldbook@naver.com
홈페이지	www.g-world.co.kr

ISBN 979-11-388-4168-9 (03230)

- 가격은 뒤표지에 있습니다.
- 이 책은 저작권법에 의하여 보호를 받는 저작물이므로 무단 전재와 복제를 금합니다.
- 파본은 구입하신 서점에서 교환해 드립니다.